*Ciento una maneras
de leer
a todas horas*

Timothée de Fombelle

101
maneras de leer
a todas horas

Ilustraciones
Benjamin Chaud

Traducción
Aurora Ballester

COMBEL

Aviso

Las 101 maneras de leer todo el tiempo
seleccionadas en esta obra ilustran
los distintos efectos, a veces imprevisibles,
que tiene la lectura en los seres humanos.
Sin embargo, conviene advertir que ciertas posturas
no pueden ser reproducidas por adultos
sin la supervisión de un niño.

El girasol
busca la luz

El clásico
es de lo más raro

La plastilina
sigue su instinto

El chihuahua reduce su tamaño a voluntad

La diva
es muy espléndida

La domadora
amansa al colaborador

La mala alumna
no tiene tiempo que perder

La flor campera
se abre por primavera

El punto de libro

El loto

La burbuja

El avestruz

La sombrilla
no le teme al sol

La gamba
casi está hecha

El sonámbulo
vive peligrosamente

El irreductible
siempre encuentra la manera

El pulpo
no escoge

La romántica
no le teme al agua

La culturista
escoge el libro más gordo

El céfiro
viaja ligero

El previsor
solo mira lo esencial

El plato principal

La pasarela

La jinete

El vaquero

El perro atado
tiene que inspirar confianza

El perro de trineo
adora los largos inviernos

El muñeco de nieve

La ausente

La resistente

La que se queda sin postre
no se queja

El que se queda sin recreo
es la envidia del cole

Los inseparables
no tienen más remedio

Los rumiantes
no solo devoran hierba

Piel de gallina

Gallina total

La gallina de lujo

El gallo de oro

En bici
empieza la aventura

En bici
se acaba

El nenúfar
viaja a flor de agua

La fortachona
desborda los límites

El descenso camero

La oración

El tobogán

La bayeta

La bayeta
con reposabarbilla

La bayeta
enroscada

La bayeta
boca arriba

El montón de bayetas

La cabeza de chorlito
se salta la parada

La cabeza hueca
se olvida del tiempo

El caracol
se toma su tiempo

El fantasma
es el terror del dormitorio

La nostálgica
encuentra su país

El curioso
sueña con lo desconocido

La contorsionista

El gato trepador

El fruto maduro

El inventor

El pensador

La soñadora

El desconfiado

El sentimental

El chafardero
cuenta con los demás

Los bárbaros
todo lo comparten

La especialista
no lee cualquier cosa

La butaca
es de lo más adaptable

La comodona
prueba todas las posiciones

El espeleólogo
encuentra su huequecito

La madriguera

El tipi

La catedral

La equilibrista
adora el vértigo

La distraída
piensa en otra cosa

El amo del castillo
busca la paz

El submarinista
no tiene tope

El tándem El triciclo

El cuadrúpedo **El hormiguero**

La pirata
se hace la remolona

La isla desierta
siempre está en otra parte

El glotón

El polizón

La maleta

El roble

La escuadra

La hiedra

El viajero
no se queda clavado en el suelo

El globo aerostático
aprovecha la fiebre para tomar impulso

Los héroes
resisten a todo

Los encantadores
transforman el mundo

Combel Editorial es un sello de Editorial Casals, SA

Primera edición en francés en 2022 por Éditions Gallimard
© Éditions Gallimard Jeunesse, 2022
Título original: *101 façons de lire tout le temps*

© 2022, Timothée de Fombelle por el texto
© 2022, Benjamin Chaud por las ilustraciones
© 2023, Aurora Ballester por la traducción
© 2023, de esta edición, Editorial Casals, SA
Casp, 79 – 08013 Barcelona
combeleditorial.com

Primera edición: septiembre de 2023
ISBN: 978-84-1158-043-4
Depósito legal: B-12978-2023
Impreso en Índice, SL
Todos los derechos reservados.